Für meine Enkel

Episoden

Begegnungen   Erlebnisse

Zwischenmenschliches

Atemlos eile ich auf der Rolltreppe hinab zur U-Bahn. Der Zug fährt bereits ein, kommt zum Halt. In dem gut besetzten Wagon finde ich noch Sitzplatz in einer 4er Sitzbank.
Ein kurzes mustern von mir der Sitznachbarn.

Gegenüber sitzt eine Frau mittleren Alters, offensichtlich eine Ausländerin, Migrantin oder Asylsuchende?
Nervös gleiten ihre Finger über die Tasten des Handys, sichtlich genervt ihre Miene.
Dann klappt sie das Ding zu, um es nach kurzer Zeit wieder aufzumachen. Tippt einige Zahlen ein. Sicherlich versucht sie eine Verbindung aufzubauen.

Mein Blick wandert zu der neben ihr sitzenden jungen Frau. Eifrig und heftig bearbeitet die mit den Fingern das Handy, schreibt eine Nachricht.
Unglaublich, wie sie mit den langen Fingernägeln die Tasten trifft. So schnell, eine Sekretärin hätte damals mit der Schreibmaschine nicht schneller sein können.
Und die waren schon schnell.
Ich löse den Blick von ihr, denn mir wird ob der Schnelligkeit schwindelig.
Missmutig quält meine Gegenüber erneut die Tastatur. Es erfolgen ständige Versuche einer Verbindung, aber sie bekommt keine.
Ich schaue weiter nach rechts zur anderen Sitzbank.
Dort spricht eine Frau, etwa 55 Jahre alt, mit eingefallenen Wangen im Gesicht, konzentriert in das Gerät.
Aus den Wortfetzen kann man entnehmen, dass ein Gespräch mit der Freundin über Männer geführt wird.

Ihr gegenüber schaukelt ein Seniorenpaar im Takt der U - Bahn.
Ihre Blicke sind starr und schweigsam nach vorne gerichtet.

Meine Augen erreichen die Plattform.
Vor der Tür steht ein junges Pärchen. Beide wohlgeraden und Modisch gekleidet.
Sie redet ohne unterlass auf ihn ein.
Er schweigt, hört sie an mit kühler, abwesender Miene.
Seine Gedanken sind woanders.
An der nächsten Haltestelle schon ihr Ausstieg.
Meine Augen folgen den beiden nach. Sie greift nach seiner Hand auf dem Bahnsteig.
Der junge Mann zeigt keine Neigung ihre Gefühle zu erwidern, Zeichen der Zeit?
Wie wird es mit ihnen weiter gehen?

Weiter auf der Plattform.
Ein Mädchen steht dort, ich habe sie zuerst nur nebenbei wahrgenommen, aber jetzt erregt sie mein Interesse.
Ich schaue sie genauer an.
Es könnte auch eine junge Frau sein (man kann das heute nicht mehr so unterscheiden).
Zwei Knöpfe stecken in den Ohren. Was kann und hört sie?
Die Augen sind geschlossen.
Vor ihr steht ein Koffer mit einem Ziehbügel. Mit der einen Hand hält sie sich an der Haltestange fest, die andere den Bügel. Sie ist wohl auf Reisen.

Früher kannte ich Menschen, vor allem alte, die auch einen Knopf im Ohr hatten, mit einem Kabel zur Brust.
Aber die waren Schwerhörig.

Ältere Frauen zogen damals zum einkaufen zweirädrige Wagen hinter sich her.
Also, soo viel hat sich heute nicht verändert.
Nur ist es cooler.

Mittlerweile hat sich die Miene meiner Gegenüber entspannt.
Aufgeregt spricht sie in einer fremden Sprache in das Handy.
Ihre Nachbarin ist nun am lesen der Antwort ihres Schreibens, sie lächelt. Die Lippen bewegen sich tatsächlich. Um dann sofort mit flinken Fingerbewegungen ihrerseits den Kontakt fortzusetzen.
Kommunikation ohne zu sprechen, sozusagen wortlos.
Zeichen der Zeit?
Aber bewundernswert die Schnelligkeit der Finger, mit den langen Nägeln.

Das junge Mädchen mit dem Koffer und den Stöpseln in den Ohren, ich glaube es ist doch eins, ebenso die Senioren, steigen aus.
Ich bin mit den beiden Frauen nun alleine im Wagon.

Die telefonierende Frau redet lauter.
Einmal spricht sie Deutsch, um dann wieder hastig die fremde Sprache zu benutzen. Anscheinend ist es eine Auseinandersetzung.
Plötzlich macht es zweimal klapp bei den Frauen.
Ihre Handys verschwinden in den Jacken.
Eilig stehen sie beide auf, denn der Zug hält bereits.
Beinahe hätten sie den Ausstieg verpasst.
Meine Beine habe ich vorher rechtzeitig in Sicherheit gebracht.

Ich bin nun alleine. Denke nach.

Obwohl ich kein Gespräch geführt habe, war ich beteiligt an der neuen Art des Miteinanders, der neuen Art der Verständigung.

Im Hotel

An einem sonnigen Tag kehren meine Frau und ich, wohlbehalten, von einem Einkaufsbummel in unser Hotel zurück.
Die zahlreichen Tüten vom „Shopping" bringe ich ins Zimmer, während meine Frau zum Kaffee trinken für uns Platz auf der Terrasse belegt.
Kurz darauf sitze ich bei ihr gegenüber. Wir zwei sind nahezu alleine auf der Terrasse.
Fast, denn ich habe die drei Damen, zwei Tische weiter, nur aus den Augenwinkeln wahr genommen und sie so kaum bemerkt.
Ganz entspannt lehne ich in dem bequemen Sitz, mit der Kaffeetasse in der Hand, zurück.

Da, sanft tönend, leichtfüßig, fliegt eine Stimme, unter klagen, wellenartig über die Mitte unseres Tisches, auf.
Um sogleich von einer anderen Stimme unterbrochen zu werden, mit fröhlichen, gelösten Imperativ.
Der Satz:
„Jag ihn zum Teufel" und bestärkend, „du bist doch wer".
Dieser Satz baut sich zwischen uns über dem Kaffeetisch auf. Bleischwer.
Ich beobachte meine Frau.

Ihr Blick richtet sich abwesend, vorbei an mir geradeaus.
Es musste etwas Besonderes bei ihr eingetreten sein.
Ich kannte das.
Sie hatte bis dahin zwei Ohren für unsere Unterhaltung gehabt.
Mein Gefühl sagt mir, jetzt habe ich nur noch ein Ohr Gehör von ihr.
Die sanfte, federartige Stimme gleitet erneut zu uns. Ich möchte etwas zu meiner Frau sagen, aber ein gezischtes „Warte", bestätigt mir, auch das andere Ohr ist nun verloren.

Trotzdem versuche ich, ein Gespräch in Gang zu bringen, nur um die weiterhin, weinerliche Stimme des Frauentisches zu unterbrechen.
Meine Frau erwidert ab und zu mit „Ja" oder „Ja doch", aber sie ist unkonzentriert. Es scheint, mit allem was ich rede, ist sie einverstanden.
Ich hätte das ausnutzen sollen.

Mir macht es keinen Sinn mehr sitzen zu bleiben.
Ich stehe auf, melde mich ab. „Bis gleich".
Normal wäre es gewesen wenn sie fragt, „wohin gehst du?".
Keine Frage kommt von ihr. Ob sie mir überhaupt zuhört?

Ein kurzer Blick hinüber zu den Damen.
Die drei reden heftig miteinander und eine, die mit dem Rücken zu mir sitzt, hat diese harte, bestimmende und doch empfindsame Stimme. Die wird rechts von einer Blondine und links einer Brünetten eingerahmt.

Nachdem meine Gattin im Zimmer erscheint, verläuft der weitere Tag gefällig. Nichts erwähnte sie über die

Kaffeedamen. Ihre Ohren habe ich wieder zurück!

Am Abend sitzen wir gemütlich bei Kerzenschein im Restaurant, um unser Menü zu genießen.
Unsere Sitzplätze waren reserviert und die Gattin, die beste aller Ehefrauen, (Kishon), bestimmt **ihren** Sitzplatz.
(Ich habe das oft beobachtet, dass Frauen die Auswahl des Sitzplatzes bestimmen).

So kann sie den Raum des Restaurants und den Eingang überblicken, meinte sie.
Wenn sie gewusst hätte!

Ich sitze natürlich ihr gegenüber, mit dem Rücken zu den anderen Gästen.
Unsere gute, gelöste Stimmung im Restaurant, wird von den freundlichen Bedienungen begleitet.
Nach der Menüwahl, erscheinen in **meinem** Blickfeld, nicht in das von der Ehefrau, jene drei bereits bekannten Damen am Eingang zum Restaurant.
Ich erkannte sie gleich, die Blonde und die Brünette vom Nachmittag. Nur die Eine nicht, die mit der prägnanten Stimme.
Der Platz zum Tisch **hinter** meiner Frau, wird ihnen zugewiesen.
Die Damen beschäftigen sich noch mit der Sitzordnung, was ich gut beobachten kann.

Dann**, die** Stimme.
Sie bestimmt nun, wer zu ihrer rechten und wer zur linken Seite sitzen darf. Sie, die ich wieder nicht genau sehen kann, sitzt mit dem Rücken zu meiner Frau.

Mein Ehepartner sitzt nun Schulter an Schulter mit ihr.

Beide also Rücken an Rücken, nur getrennt von den Rückenlehnen.
Sie hat sogleich diese Stimme erkannt, kann sich aber schlecht umdrehen, dass wäre zu auffällig, außerdem müsste eine Wendung von 180 Grad erfolgen.
Unsere Suppe kommt.
Wir wünschen uns einen „Guten Appetit" und als ich den ersten Löffel zum Mund führe, schweben sanfte Laute zu unserm Tisch.
Die elegische, aber eindringliche Stimme.
Langsam heranziehend, erreicht sie die Ohren meiner Frau, an ihr vorbei, zu mir herüber.
Mein Verschlucken ist so heftig, als sie mich erreicht, sodass ich die Aufmerksamkeit bei den Gästen errege.
Mit Lichtgeschwindigkeit hat meine Frau ihre Situation erfasst.
Frauen können das!

Ein Ohr von ihr ist sofort weg, aber sie ist bemüht meine Anwesenheit zu bemerken, indem sie mir tief in die Augen schaut.
Und sie nickt mir zu.
Ich beuge mich zu ihr und flüstere, „da ist sie wieder, das sind die von heute Nachmittag", giftete ich.
Meine Gattin sitzt nun wie gefesselt mit zurück gelehntem Rücken auf der Bank. So gerade habe ich den Rücken von ihr selten gesehen.
Sie kann ja nichts sehen, nur hören.
Ab und zu wendet sie sich, halb um die eigene Achse zur Seite und nestelt an ihrem Täschchen, oder an der Serviette.
Aber es ist ihr unmöglich, **Sie** zu sehen.
Ich nehme ihre Lage wahr und frage sie, „wollen wir die Plätze tauschen?. Du kannst sie dann aber nur sehen

und nichts mehr hören!".
Meinem Sarkasmus entgegnet sie mit einem entrüstenden „ich bleib hier sitzen". Der Überblick fehlt ihr, dass ist mir klar. Sie befindet sich in der Zwickmühle. Unsere angenehme Stimmung ist dahin.

Die Suppe wird alsbald auf dem Nachbartisch serviert und ich hoffte, dass ein Schweigen von der sanften Stimme, eintreten würde.

Zwischen dem löffeln der Suppe, melde sich die Nachbarinnen zu Wort. Bruchstücke der Diskussion höre ich. Aber ich beobachte die Blonde und die Brünette. Diskret natürlich.
Erst geht es um Männer, dann um die Kosmetik, unmöglichen Moden, diverse Krankheiten mit den Diagnosen und gemeine Freundinnen.
Die Blonde hängt mit der Nasenspitze und aufgesetztem Ellenbogen tief über dem Essen. Die Brünette legt dagegen geziert ihren Löffel auf den Teller und blickt missbilligend auf die essensweise der Blonden.

Unser Menue verläuft einsilbig zwischen uns.
Vor dem Dessert steht die Blonde auf und nimmt ihr Täschchen.
„Bis gleich, ich will mich nur frisch machen", kann auch ich deutlich hören.
„Die Blonde geht den Lippenstift nachziehen. Sie trägt über ihrer fülligen Figur ein nicht knitterfreies Sackkleid", wispere ich meiner Frau zu.
Kaum ist sie weg, beugte sich die elegische Stimme tuschelnd zur Brünetten, es wird zweisam geschwatzt, wahrscheinlich über die Blonde.
Meine Frau hat jetzt beide Ohren auf „Null" gestellt, aber

die beiden sprechen so leise miteinander, dass sie Mühe hat etwas zu verstehen. Sie presst sich an die Rückenlehne und lächelt mir zu. Irgendwie wirkt sie abwesend.
Als die Blonde zurückkehrt, stehe ich auf, „ich geh mal zur Toilette".
Beim vorüber gehen versuche ich, von dem Nachbartisch einen Blick von **der** Stimme zu erhaschen.
Leider sehe ich nur, die Seitenansicht ihres Gesichtes, wie im Scherenschnitt.
Ein energisches Kinn mit einer spitzen Nase kommt kurz in meinem Blickwinkel, schon bin ich an den Damen vorbei.
Als ich zurückkomme, haben die drei vom Nachbartisch das Restaurant schon verlassen.
Ich spreche über die Kronen der Schöpfung, sage meine Meinung über sie und sehe die nachdenkliche Miene im Gesicht meiner Gattin.
„Vielleicht hatten sie Probleme zu besprechen", befürchtete sie einfühlsam.

Der Abend geht von nun an harmonisch zu Ende.
Spät gehen wir aufs Zimmer.

In der Nacht erwache ich aus einem Alptraum, schrecke aus meinem Bett hoch.
Ich hatte **die** Stimme gehört!

Die Hand meiner erwachten Frau berührt mich beruhigend.
„Wach auf. Es ist nichts! Du hast etwas Schlechtes geträumt".
Brummelnd drehe ich mich zur Seite, um weiter zu schlafen.

Doch da, - da ist sie wieder.

Vom Balkon fliegt sie zwischen den wehenden
Vorhängen vorbei, zu uns ins Bett.
Es ist **die** Stimme aus dem Alptraum.
Ich hatte also nicht geträumt.

Leise, tränenerfüllt, schwingen verständliche Worte über
den Balkon.
Von einem Abschied und der Trennung von ihrem
Freund.

Der Wecker zeigt 1 Uhr 30.
Die Tröstungen der Blonden und Brünetten dauern bis in
den Morgen.

An einschlafen ist nicht mehr zu denken.

Im Kino

Nach langer Zeit sitze ich wieder einmal im Kino.
In der fünften Reihe.
Die Lichter sind noch eingeschaltet. Leute suchen noch nach ihren Sitzplätzen.
Drei Jungens zwängen sich durch die Reihe vor mir und nehmen Platz, lebhaft albernd, schauen sich um.
Aus dem Gesicht des in der Mitte sitzenden, blitzt der Schalk aus den Augen.

Die Voransage erscheint.
Die Lichter tauchen den Saal in ein Halbdunkel.
Vom Gang werden noch Personen, die verspätetet kommen, in die Reihen gewiesen.
Unruhe entsteht.
Sie quälen sich an den Sitzenden vorbei durch die Reihe vor mir zu ihren Plätzen.
Leises missbilligen ist zu vernehmen.
Es kommen ja immer welche zu spät, denke ich.
Neugierig betrachte ich die Neuen.

Die erste Person ist eine Frau, im weitem, wie mir scheint, altmodischem Kleid.
Gefolgt von einem schnaufendem Mann, mit dickem Schmerbauch.
Der wiederum hat noch eine Frau im Schlepptau.
Kaum sitzt die erste Frau, lässt sich der Mann in den Sitz fallen, was dieser mit Knarren der Sitzfläche quittiert.
Auch die Rückenlehne ächzt beängstigend beim zurück lehnen des Mannes und biegt den Rückhalt zu dem in

der Mitte sitzenden Jungen.
Die Dame rechts steht noch leicht nach vorne gebeugt, streicht sorgsam ihr Kleid vor dem Setzen glatt.
Zum Unmut des hinteren Publikums.
Setzt sich dann langsam, behutsam hin. Rückt den mit Feder geschmückten Hut zurecht.
Direkt vor dem Blickfeld zwei der Jungens.
Deren Gesichtskreis ist nun stark eingeschränkt und sie suchen mit ihren Köpfen nach Sicht zur Leinwand.

Der Junge in der Mitte, sieht nur noch den breiten Rücken des Mannes mit den angespannten Hosenträgern.
Was nun!
Mein Interesse über den weiteren Verlauf ist geweckt, wie sich die Teenager verhalten, was wird geschehen?
Denn eine Lösung des Problems muss her.

Die Vorschau flimmert über die Leinwand.
Der Junge, der nur noch den breiten Rücken vor Augen hat, neigt sich nach vorn, verharrt in dieser Stellung.
Was hat er vor?
Ich kann es nicht genau sehen, aber er macht sich am Sitz vor ihm sehr vorsichtig zu schaffen.
Dann schaut er nach links, rechts, flüstert mit seinen Freunden und huscht dann aus der Sitzreihe, setzt sich auf den noch freien Platz, schräg hinter mir.

Die Leinwand interessiert mich nun nicht mehr. Ich ahne, dass etwas geschehen wird.

Nach „Demnächst in diesem Theater", ertönt der Gong.
Pause.
Die Platzanweiserin bietet in der kurzen Pause, auf dem

Gang gehend, aus dem Bauchladen Eiskonfekt an.
Kaum ist die Beleuchtung eingeschaltet und, um der Erste zu sein, springt der Dicke, mit einem Geldschein in der Hand auf und ruft durch den Saal nach ihr.
„Kommen sie her". Wedelt mit der Geldnote und will zuerst bedient werden.

Aber bei seinem Aufspringen rutschen, losgelöst von den hinteren Hosenträgerklammern, der hintere Teil seiner Hose, nun ohne Halt, die Beine herunter.
Gleichzeitig ziehen die an den Rocksäumen der Frauen, von dem Jungen festgeklammerten Hosenträgern, ihre Kleider in die Höhe.

Die Unterwäschen werden sichtbar: die gerippte Unterhose des Mannes, das Korselett der Rechten und das glänzende Mieder der linken Dame.
Gleichzeitig lässt ihr Kreischen die Köpfe der Zuschauer ruckartig sich zu ihnen drehen.
Gelächter erschallt durch den Saal, während die feine Dame immer wieder versucht, den Rock nach unten zu streichen.

Die Linke zieht an der Klammer und mit einem Ratsch gelingt es ihr auch, von der Klammer zu befreien.
Bestürzt schaut sie an den Stofffetzen, den sie in der Hand hält.
Erst als der Mann die Hose hochzieht, sinken die Kleider der Frauen ab.
Ohne Rücksicht zunehmen, eilen die drei durch die Reihe an den Sitzenden vorbei, die schnell ihre Füße anheben und so in Sicherheit bringen.
Drängen, unter Schimpfen und Verwünschungen, zum Ausgang.

Was war geschehen?
Der Lausbub, verärgert über die Sichtversperrung, hat die Hosenträger seines Vordermanns an die Rockschosse der Frauen befestigt.
Mit dem Aufspringen des Mannes, wurden die Kleider der Frauen mit hochgehoben und dem Publikum so Einblicke in ihre Unterwäsche erst ermöglicht.

Der Vorspann des Hauptfilmes „Tränen der Liebe" läuft an.
Ein trauriges, weinendes Mädchengesicht erscheint, - da, lacht da nicht jemand?
Gelächter brandet nun von allen Seiten auf, der Anblick der herab gerutschten Hose und den hochgerissenen Kleidern, alle haben sie es noch vor Augen.
Ihr Lachen wird lauter und passt gar nicht zum Geschehen des Films.

Der Filmvorführer schreckt auf aus seinem Halbschlummer.
Warum Gejauchze aus dem Zuschauerraum?
Eilt an den Vorführapparat, zur Filmrolle.
Nein, da steht doch „Tränen der Liebe", den richtigen Film habe ich eingelegt!
Schaut durch das Vorführfensterchen.
Aus dem Saal erklingt Gekicher.

Für ihn unwirklich, denn auf der Leinwand gleitet das Mädchen langsam ins Wasser und unter Tränen im See versinkt es.

Ein Selbstmord aus Liebeskummer.

Er versteht die Welt nicht mehr und wischt sich über die Stirn.

Warum lachen die Leute über menschliches Leid?

Die Reise in der Touristen - Klasse mit dem Flugzeug.

Eine Erbschaft ist mir zugefallen.
Deshalb muss ich eine Reise zu der Beerdigung antreten.
Die vermögende Tante, die hoch betagt verstorben ist und da ich der einzige Nachkomme von ihr bin, geziemt es sich, also das Erbe anzutreten.

In Australien!
Obwohl ich ungern fliege, auf nach Australien!

Da das Reisebüro mir nicht kurzfristig einen Flug buchen konnte, bin ich zum Flughafen zu dem Schalter der australischen Fluggesellschaft gefahren, um schnellstens ein Ticket zu erlangen.
Eine der immer freundlich lächelnden Damen, sitzt erhöht an dem Schalterplatzsitz. Ich bringe mein Anliegen zu einem Last-Minute-Flug vor.
Ihre hübsche Stirn legt sich in Falten.
„Ich kann ihnen nicht viel Hoffnung machen".
Beginnt aber mit der Suche in der für mich unergründlichen Tiefe des Computers.
Tippt auf der Tastatur hin und her, schaut auf den Bildschirm.

Nach langen Nachforschungen findet sie einen verbilligten Last-Minute-Flug.
Bereits am nächsten morgen 7 Uhr.

„Seien sie bitte aber schon 2 Stunden vorher da, zum einchecken und der Sicherheitskontrolle".
Für mich heißt das, 3 Uhr morgens aufstehen.
Als Morgenmuffel ein hartes Los. Was macht man nicht alles wenn man erbt.
Mit der Zwischenlandung in Bangkok, dann Weiterflug nach Sydney.
Mit einem Lächeln, ich habe den Eindruck sie schmunzelt, fertigt sie das Flugticket aus.

Der Warteraum am Abflugtag ist längst besetzt von Mitreisenden.
Alle erwarten den Aufruf zum Einsteigen.
Die Eingangskontrollen vorher verliefen ohne Aufregung.
Mit der Aufforderung zum Boarding setzen sich die Passagiere in Bewegung, alle auf einmal.
Am Ausgang zum Flugfeld, kommt Hektik auf.
Rufe hallen durch den Warteraum.
Warum?
Alle kommen doch mit, keiner bleibt zurück.

Im Flugzeug herrscht ein Gewusel in der Enge.
Ich kämpfe mich durch den Gang nach hinten, auf der Suche nach meiner Sitzreihe.
Es ist ein Gedränge und Geschiebe.
Wo ist meine Reihe und Platznummer.
Beim suchen weiche ich, bedrängt von Mitreisenden, nach Möglichkeit aus. Endlich finde ich meine Reihe und stehe freudig an einem Fenster.
Jetzt nur noch meine Sitzplatznummer vergleichen mit den Sitzen.
Doch Nachfolgende rutschen mit einem gemurmelten Pardon in meine Reihe!

Der Vergleich der Nummern mit meinem Ticket zeigt mir, dass die Fensterplätze bereits reserviert waren.
Also konnte nur in der mittleren Reihe des Flugzeugs meine Sitzplatznummer befinden.

Beim beladen der Gepäckklappe schubse ich mit der Tasche einem Mann aus Versehen in die Seite und damit die Luft aus seinen Lungen.
Der schnauft tief durch.
Eine gemurmelte Entschuldigung meinerseits nimmt er nicht zur Kenntnis.
Andere Passagiere sind auch noch auf Platzsuche.
Neben mir öffnet ein Mann die oberen Klappen des Stauraumes, wuchtet sein Gepäck hinein.
Seine Achseln riechen unangenehm.

An den zwei ersten Sitzen der Reihe, sitzt bereits ein älteres Paar. Da muss ich vorbei und wünsche ihnen einen guten Tag und deute auf die Mitte der Reihe.
Beide wirken erstaunt, nicken aber gleichzeitig.
Entschuldigungen murmelnd, steige ich an ihnen vorbei und komme zu der Zahl meines Platzes und richtig, es ist mein Platz, genau in der Mitte einer 5er - Reihe des Großraumflugzeuges.
Welch ein Sitzplatz!
Ich sitze nun in der Mitte der mittleren Sitzreihe, bestrebt meinen Sitzplatz nicht mehr zu verlassen und schiebe die Tasche unter dem Sitz.
Nun ja, die andere Seite ist frei, so kann ich jederzeit aufstehen.
Vorsichtshalber vergleiche ich noch einmal die Zahlen auf der Bordkarte, ob sie auch übereinstimmen und es der richtige Flug ist.

Das Schmunzeln der Bodenstewardess fällt mir ein.
Der Sitz ist in der Mitte der „Holzklasse!".

Meine Hoffnung ist, dass die Plätze neben mir frei bleiben.
Aus dem Augenwinkel schaue ich zu den Senioren, dann zu dem Suchen der Plätze auf den Gängen.
Scheinbar ist der Flug ausgebucht, denn nirgends ist ein anderer Platz frei, bis auf meine Sitze neben mir.

Ich könnte die Stewardess um einen anderen Sitzplatz fragen? Nein, noch sitzen nicht alle.

Neugierde halber suche ich den Hinweis zum Notausgang und den Toiletten. Denn wenn die rechte Seite besetzt wird – muss ich irgendwann an den Nachbarn vorbei.
In dieser Sitzposition soll man vorsorgen. Wo geht es schneller.
Und wie wird es mit dem Service?

Ich räusperte mich, beuge mich zur Seite und spreche die ältere Dame an und rede von einem hoffentlich ruhigen Flug.

Die hat die Hände im Schoß gefaltet und blickt geradeaus.
Sie hat mich anscheinend nicht gehört, oder will ihre Ruhe haben.

Auch der Mann schaut nach vorn, ist es ein Ehepaar?
Auf der Leinwand ist noch kein Film zu sehen.
Irgendwie kommt mir ihre Haltung bekannt vor, überlege woher.
Natürlich und ich hätte mir beinahe auf die Stirn geschlagen.

Loriot, der Herr konnte nur von Loriot stammen.
Der Herr aus der Badewanne, „Müller - Lüdenscheid", mit der Knollennase.
Von da ab denke ich immer an Loriot, wenn ich ihn von der Seite anschaue.

Unterbrochen werden meine Gedanken durch Hüsteln an der rechten Seite.
Eine Blondine mit struppiger Haarmähne, spricht mich auf Englisch an.
„Sind die zwei Plätze noch frei?".

Was soll die Frage, alle Passagiere sitzen bereits, natürlich! Es sind nur noch die letzten freien Plätze.
Wer konnte sonst noch Karten besitzen?
Meine Antwort, ebenfalls in Englisch, ich denke doch und will noch ein My Dear, hinterher schicken.
Da erscheint hinter ihr ein muskulöses, gut aussehendes Mannsbild, ebenfalls mit blondem kurzem Haar, beide sind sonnengebräunt.
My Dear bleibt mir im Hals stecken.
Der Mann hat ein Tattoo auf beiden Oberarmen, eine Halskette in Hundebandstärke aus Gold und einen Ring im linken Ohr.
Mit halber Scheibenwischerbewegung begrüßt er mich, während sie sich zu ihm umdreht und auf Deutsch flötet, „ich habe unsere Plätze gefunden, Liebling".

Zum Setzen rutscht und beugt sie sich seitwärts, weit zu mir herüber. Ich befürchte, dass aus dem engen Sommerkleid die Brüste auf mich stürzen könnten.
Aber es fällt nichts aus dem Dekolleté.
Dann okkupierte sie gleich beide Teile unserer gemeinsamen Sitzlehne.
Ein Monolog mit ihrem Freund, oder Ehemann beginnt auf Deutsch.

Mit lauter Stimme schwärmt sie von der letzten Reise und den Dästinähschens und freut sich schon auf Auusträlia, erwähnt noch den Zwischenstopp in Bangkok.
„Wir machen doch noch auf irgendeiner Insel einen Kurztrip, Liebling", so ihr Wunsch an ihn.

Nach dem Anschnallen und den üblichen Sicherheitseinweisungen, die ich nicht verfolgen kann, weil meine Nachbarin dauernd spricht, rollt der Jet zur Startbahn und in Startposition.

Mit einemmal wird die Nachbarin, (die mit dem engen Sommerkleid, sie wissen schon), sprachlos.
Stille.
Ich werfe einen Seitenblick zu ihr, warum?
Erschreckt sehe ich, wie ihre rechte Hand fest in den Handrücken des Partners krallt.
Die andere Hand umspannt das Ende unserer gemeinsamen Sitzlehne.
Ihre langen, mit Glitzern belegten Fingernägel, müssen tiefe Spuren in der Hand hinterlassen, empfinde ich nach.
Vorsichtshalber lege ich meine eine Hand auf den anderen Schenkel.
Das Flugzeug startet, nimmt Fahrt auf.
Ihr Körper strafft sich, presst in den Sessel.

Die Knöchel ihrer Hände sind weiß.
Wir sind in der Luft.
Beim Einfahren der Räder erbebt sie.
Als der Jet sich dann in der erreichten Flughöhe etwas nach vorne neigt und das Heck anhebt, bahnt sich die Anspannung zum Höhepunkt.
Hoffentlich wird sie rechtzeitig zur Tüte greifen, hoffe ich.
Aber ihre Spannung löst sich, sie atmet durch.
Ich auch.
Leider vermag ich nicht den Handrücken des Mannes sehen. Bestimmt blutet er.

In dem schmalen Gang wird der Servicewagen heran geschoben.
Getränke durchgereicht, dann auch über Blondie zu mir.
Meinen gewünschten Tee. Im gleichen Moment, als ich den Becher in der Hand halte, denke ich an die Toilette, rechnete.
Zwei Bier am Flughafen und jetzt der Tee.
Irgendwann müsste ich aus der Sitzreihe zum WC.
Entweder in dem Gang nach vorne oder nach hinten.
Mit eingezogenen Schultern drehe ich mich um.
Nach hinten ist der Weg scheinbar kürzer.
Wen konnte ich bitten aufzustehen?
Das Problem beschäftigt mich von nun an, mit der Zeit zusehends.
Nach links möchte ich nicht - die Knollennase atmet laut, er schläft. Ihn will ich nicht stören.
Seine Frau ist immer noch in der unveränderten Position, auch mit den gefalteten Händen. Schaut zur Leinwand in den Film.
Ich entscheide mich also, Blondie höflich auf Deutsch zu bitten, mich zum Gang durch zu lassen und lächle dabei freundlich.

„Was, Sie sind Deutscher?".
Fragen prasseln nun auf mich ein.
Woher aus Deutschland und wohin fliege ich.
Ihr Begleiter ist schon aufgestanden, mir grinsend Platz gemacht.
Endlich erhebt sie sich in voller! Größe.
Viel länger hätte ich es nicht mehr ausgehalten.

Kaum komme ich zurück und habe den Platz eingenommen, wendet sich Blondie zu mir und beginnt eine Unterhaltung.
Wie schön doch Deutschland sei, aber das sie die Welt kennen lernen wolle, usw.
Während sie ihren Monolog weiter ausdehnt, höre ich höflich zu.
Denn irgendwann musste ich erneut bitten aufzustehen.
Überlege, welche Möglichkeit des Aufstehens, ohne große Belästigung der älteren Nachbarn, später besteht.
Oder zu warten, bis einer von beiden Senioren selbst mal musste.
Da wäre die Möglichkeit.
Sicherlich könnte es bald soweit sein, hoffe ich.
Jedoch, es dauert.
Sie sitzen **das** wohl aus.
Blondie döst.
Mal lese ich, schaue ab und an in das Bordkino.
Stelle mich schlafend, um Ruhe vor Blondie zu haben.
Aber nach dem Essen, belegt sie mich erneut mit Unterhaltung.
Ihre Rede ist von Beurteilungen über andere Fluglinien.
Erwähnt das Essen und den Service an Bord der jeweiligen Fluggesellschaften, mit der sie geflogen sind.
Wie unterschiedlich doch der Service war.
Ich schaue auf meine Uhr, die Stunden vergehen nur

langsam, eingepfercht in den mittleren Sitz einer Fünferreihe.
Dann doch, der Mann mit der Knollennase erwacht, spricht mit seiner Frau in mir unbekannter Sprache.
Die nickt und wie auf Kommando erheben sich beide und gehen in dem Gang nach vorne.
Das ist **die** Gelegenheit für mich und ich nutze sie.
Rasch nach hinten zur Toilette.

Bei meiner Rückkehr sitzt, zu meiner Überraschung, die Frau von Knollennase auf ihrem Platz, natürlich mit gefalteten Händen im Schoß.
Sie war noch schneller als ich gewesen.
Na gut, ich lächle sie freundlich an und mache Anstalten, mich auf meinem Platz zu begeben.
Sie steht aber nicht auf, im Gegenteil, sie weicht mit ihren Knien nur zu meinem Sitz aus.
Das wäre ja kein Problem gewesen, aber mein Vordermann hat sich schlafen gelegt und es sich bequem gemacht, d.h., seine Rückenlehne zu meinen Sitz geneigt. Hier ihre Knie, dort die Rückenlehne, es ist eng für mich.
Beim durchwinden zum Sitz, beuge und drehe ich mich nach vorn, mit angezogenem Knie.
Drängend, um endlich die Sitzschale zu erreichen.
Da neigt sich das Flugzeug in eine elegante Rechtskurve.
Ich kann gerade noch mit der linken Hand an dem Kopfteil des schlafenden Vordermannes festhalten, ansonsten wäre ich unweigerlich in den Ausschnitt von Blondie gefallen.
Mit brummen tut der vor mir Liegende sein Missfallen kund.
Die rechte Hand stützt sich nun an der gemeinsamen Sitzlehne ab, dabei mache ich eine Wende und will

zurück in den Sitz rutschen.

Welch ein Gefühl im Hinterteil, auf einen harten, spitzen Gegenstand zu treffen!
Dieser Sinnesreiz erschreckt mich derart, dass mein Körper schnell wieder aufrichtet und ich erneut mit den Händen an der Rückenlehne meines Vordermannes festhalten muss.
Der das verständlicherweise mit lautem Knurren quittiert und die Rückenlehne mit Ruck aufrichtet.
Natürlich mit einem vorwurfsvollen Blick aus dem mir zu gewandten Kopf und einer unverständlichen Bemerkung.
Der Ton ist nicht sehr freundlich.

Mit einem fröhlichem „ach, da ist sie ja", entfernt die Blondine das Täschchen, mit dem spitzen Dings innen drin, von meinem Sitz.
„Ich habe mein Täschchen auf ihren Sitz abgelegt und es vergessen wieder an mich zu nehmen", klimpert mit den Wimpern und zeigt es freudig ihrem Mann.
„Hier ist sie wieder, Bärli" und streichelt das Tattoo am Arm.
Bärli regt sich nicht.
Der schläft, vielleicht tut er auch nur so.

Zu meinem Nachteil wendet sie sich dann zu mir, legt den Zeigefinger an die mit Konturstift umrandeten Lippen und haucht „er schläft".
Da Bärli nicht ansprechbar ist, eröffnet sie mir ihre Aussichten der nächsten Destinationen.
Den Dästinähschens und Auustrählia.
Ihre harmlose Frage an mich, „waren sie schon in Daunander?".
Diese Frage ergreife ich als Chance, um sie

nachdenklich zu machen und damit Ruhe zu haben.
Jetzt ist meine Zeit gekommen.

Ich nicke (was gar nicht stimmte), erzähle ihr von den heißen Tagen und kalten Nächten, dass sie aber nicht beeindruckt.
Mit sanften Lächeln und einem „das haben wir auch schon oft erlebt", übergeht sie den Hinweis.
Bevor sie mir von anderen Urlaubserlebnissen berichten will, muss ich eingreifen, steigern.
Jetzt oder nie!

Beginne, wie nebenbei zu erwähnen, dort ist alles giftig, aber das wisse sie ja auch.

„Alles?", fragt sie ungläubig nach. „Alles?" und rollt die mit dem Lidstrich umrandeten Augen.
„Nun ja", spinne den Bogen noch weiter, „man hat schon noch Chancen wenn mal etwas passiert. Es gibt überall die Notärzte.
Für die schwarze Spinne mit dem roten Sack auf dem Rücken und der Wasserspinne gibt es extra Nothilfestationen. Aber das baden im Meer ist sehr gefährlich. Nicht nur die Haie, auch die Kegelschnecke und die blau beringte Krake, ganz zu schweigen von den Tentakeln der Würfelquallen, da ist jede Hilfe zu spät".

Sie sinkt tiefer in den Sitz, ab und zu streichen ihre Finger nervös über die Oberschenkel, als wollte sie Spinnen vertreiben.
Ich steigere mich in den Schreckensberichten.
„Und erst die Schlangen, sie sind überall und alle sind tödlich giftig, gegen viele ist kein Gegengift da".
Ich triumphiere innerlich.

Den letzten Trumpf spiele ich mit den Haien aus, die auch in knietiefes Wasser an den Strand gelangen und erwähne noch die aggressiven Salzwasserkrokodile.

Die ganze Zeit hat sie ihre beringten Finger vor den etwas geöffneten Mund gehalten, mehr als „Ahs und Ohs" kommen nicht heraus.
Ich hake nach.
„Da wollen sie später Ferien machen? Besser sie buchen um, nach Neuseeland".
(Die Australier mögen mir verzeihen).

„Gibt es dort keine giftigen Tiere, wirklich?".
Ihre großen Augen blicken mich erwartungsvoll an.
„Wirklich", antworte ich bestimmt.
(Die Vulkane wollte ich nicht erwähnen).

Aufgeregt weckt sie Bärli und redet auf ihn ein.
Sie habe gehört, dass in Australien viele giftige Tiere leben.
In Neuseeland gäbe es keine wie in Australien.
Bärli versteht nicht, was das jetzt soll, aber er bestätigt ihre Frage.
Die nächste Stunde wird er mit der Umbuchung Ihrer Reise beschäftigt.
Ihr neues Ziel ist Neuseeland.
Zurückgelehnt und zufrieden, sie gerettet zu haben, schließe ich die Augen, spüre aber den fragenden Blick von Bärli zu mir.
Ich habe meine Ruhe und döse, über die von beiden geführten Diskussionen ein.

Bangkok wird angekündigt, zur Landung die üblichen Vorbereitungen.

Die Senioren schlafen.
Sanft weckt die Stewardess das Loriotpärchen zum anschnallen.
Blondie krallt wieder.
Dabei habe ich Gelegenheit den Handrücken ihres Partners zu betrachten.
Nein, er ist nicht blutig, der Handrücken. Anscheinend hat er sich bei vielen Starts und Landungen eine Hornhaut zugelegt.

Beim Ausrollen vor dem Flughafen Gebäude, fangen die Zwei zu klatschen an. Die Köpfe der Mitreisenden drehen sich erstaunt zu uns um, auch der mit der Knollennase.
Er hustet.
Er war wohl wieder eingeschlafen und ist durch das klatschen aufgeschreckt und hat sich verschluckt.

Das Flugzeug leert sich langsam.
Mit dem Schwur auf den Lippen, nie mehr einen Last - Minute - Flug zu buchen, ohne Nachfrage, **wo** der Sitzplatz sich befindet.
Schwüle, heiße Luft umgibt mich auf der Gangway zum Flughafengebäude.

Kurz vor der Zollabfertigung für Blondie, kommt sie aufgeregt auf mich zu, haucht mit rechts, links und wieder rechts, eine Dreierkombination von Bussi, Bussi, Bussi auf meine Wangen.
Ihre Augen sind weit geöffnet.

„Nieuu Seeländ", schnauft sie bedeutungsvoll, „we arlreiftt".
Bärli ist hinter ihr mit dem aufgetürmten Wagen voll

Gepäck.

Mit einer Scheibenwischerbewegung der Hand und einem Seeeyouu, eilt Blondie schon weiter.
Er drückt mir die Hand zum Abschied, mit dem Händedruck des einen Schmiedes.
Bärli macht einen aufgewühlten Eindruck.
Vielleicht vermutet er ihren Sinneswandel durch mich.

Die beiden Senioren habe ich nicht mehr gesehen.
Vielleicht sitzen sie noch im Jet.

Weinachtseinkäufe.

Der erste Advent steht auf dem Kalender.
Besorgt teilt mir meine Ehefrau mit, (die beste Ehefrau von allen, Kishon), es wird höchste Zeit für uns, zum einkaufen am Samstag in die Stadt zu fahren.
Betont das uns.

Ungern folge ich der Aufforderung, in das Gedränge vor Weihnachten in die Stadt zu fahren.
Meine Stimmung bessert sich erst, als eine Parklücke in der City plötzlich vor mir auftut.
Die erste Hürde ist genommen.

Die zweite ist nun die Ouvertüre.
„Erst mal schauen was es gibt". Das kann dauern.
Nach einigem schnuppern in verschiedenen Läden, legt sie sich fest.
„Hier werden wir, (immer im Plural) schon was finden".
Ein Kaufhaus nimmt uns auf.

Inmitten der Regale, voll gestopft mit Oberbekleidung, stellt sie mich an einer männlichen Puppe ab.
„Hier kannst du kurz auf mich warten, an dem Jüngling finde ich dich wieder".
Ich kann sie noch am Ärmel festhalten, „wann kommst du zurück?".
„In einer Stunde, versprochen", antwortet sie, gedanklich schon abwesend.
Rufe ihr noch nach, „Uhrenvergleich, es ist 15 Uhr, also gegen 16 Uhr, in einer Stunde.

Vergiss mich nicht" und sie geht im Menschengewühl unter.
Nun, ich kenne meine Frau, ihre Uhr geht immer nach.

Abgestellt stehe ich an dem Schaufensterjüngling, betrachte ihn.
Er besitzt eine unnatürliche ebenmäßige Figur, (beneidenswert), es ist nur ein Modell!
Ist bereits mit der Mode vom Frühjahr, in einem leichten, modischen Anzug bekleidet.
Ich begrüße ihn und setze mich zu seinen Füssen.
Da er von Lampen angestrahlt wird, habe ich beste Voraussetzung zum lesen, denn ein Buch nehme ich beim Einkauf der Gattin immer mit.
Ein Paar erregt nach einiger Zeit meine Aufmerksamkeit.
Beide stehen in der nächsten Reihe vor den vielen Bekleidungsständern.
Die Frau redet auf den Mann ein.
Der schüttelt den Kopf.
Sie ergreift seinen Arm und hängt ihren Regenschirm über den Unterarm. Es ist bereits der zweite Schirm, der an dem Arm hängt.
Außerdem stellt sie eine große Plastiktüte zu seinen Füßen.
Aha, das bedeutet, auch er soll hier warten, wehrt sich aber noch, der Arme. Er muss doch wissen, das kann nicht erfolgreich sein.
Interessant, noch ein abgestellter Mann wie ich und lese weiter.
Ein Gong ertönt.

„Achtung eine Durchsage, Herr Müller wird gebeten zur Kasse 3 zu kommen".
Etwas später, die Wiederholung der Durchsage. Nun im Imperativ.
„Herr Müller, bitte Kasse 3 !".

Ich schaue auf meine Uhr, es ist 15.30.
Mein Gegenüber ist noch dort, wo er verabschiedet wurde. Unaufmerksam lese ich weiter, doch meine Gedanken kreisen um ihn, lenken mich von meinem Buch ab.
Aus dem Augenwinkel nehme ich eine Bewegung von ihm wahr.
Neugierde meinerseits stellt sich ein, sollte er es wagen die Stellung zu verlassen?
Ich beobachte ihn.
Mit kleinen Schritten geht er bedächtig das Regal der Anzüge bis zum Ende ab.
Unerhört, empfinde ich, er wird es doch nicht wagen, seinen Standort zu verlassen.
Es ist 15.40 Uhr.
Mein Buch ist nun zu geklappt, was folgt weiter?
Es ist spannend.
Er scheint zu überlegen.
Als er sich auf das Podest unter einer Ausstellungsfigur niedersetzt, atme ich auf. Die Figur stellt ein weibliches Wesen dar, mit einem Chiffonschleier in den Händen.

Über seinem Haupt wirkt er wie ein Heiligenschein.

Nun erhebe ich mich und in kleinen Schritten gehe ich über den Parallelgang zu ihm.
Seine Augen sind geschlossen, er wirkt entschleunigt.

Während ich ihn anschaue, scheint der abgestellte Mann meinen Anblick zu spüren.
Er hebt die Lider, lächelt mich sanft an.
Weisheit ist in dem Blick, der zu mir, über die unendlichen Gestelle und Ablagen von Wäsche, schwebt.
Wir verstehen uns, ohne ein Wort zu wechseln.

Nach geraumer Zeit gehen wir, wie auf eine geheime Vereinbarung, gemessenen Schrittes zu unseren Standorten zurück.

„Hallo, Schatz, da bin ich wieder", ruft eine Frauenstimme.
Wie auf ein Kommando drehen wir uns zu der Stimme um, doch welche Enttäuschung für mich, es ist nicht meine Frau. Es ist seine.
Sie eilt auf meinen Leidensgenossen zu, drei Tüten in den Händen, übergibt ihm die Beutel, umarmt ihn flüchtig.
Erlöst nickt er mir sich verabschiedend zu, folgt hinterher.

Kurz darauf kommt schnellen Schrittes meine Kostbarkeit.
Oje, ohne Verpacktes, dass kann ja heiter werden und schaut dem fort gehenden Paar, mit einem halb neidischen, halb strafenden Blick, nach.
Meine Armbanduhr zeigt 16.10 Uhr, ich kann mich nicht beklagen.
„Du hast nichts gefunden?", meine Frage sollte Anteilnahme ausdrücken.
„Du brauchst nicht auf deine Uhr zu schauen, in der kurzen Zeit habe ich ja nichts finden können und außerdem ist hier nichts Gescheites".
Das heißt für mich, möglicher Weise anderswo.
„Aber du hast doch eine gute Figur, die Dame von eben

hat doch auch etwas gekauft".

Das hätte ich besser nicht sagen sollen.
"Was die kauft, interessiert mich nicht und überhaupt, die Mode ist nicht schön, so alltäglich".
Sie erklärt mir warum und weshalb sie soo etwas nicht anziehen würde.
Frauen unterwerfen sich irgendwann der Mode, ich bin sicher, dass sie bald ähnliches kauft und dann im Schrank hängen lässt.
Es ist wieder aus der Mode, sind dann die Argumente.
Behalte aber den Gedanken für mich.

Einer Einladung in die Kleinmarkthalle, als Ausgleich ihres Misserfolges, kommt sie nur widerstrebend nach, (da gibt es doch nur was zum essen), aber nach einem Gläschen Sekt im ersten Stock, wird ihre Stimmung lockerer.

Beim zweiten Glas meint sie, wir(!) können es noch mal in dem kleinen Geschäft am Stolze Denkmal versuchen, "da habe ich vorhin etwas Schönes gesehen"....
Also doch anderswo.
Ich bin mir sicher, sie hat bereits gefunden was ihre Aufmerksamkeit erregt.

Beim nächsten Einkauf, neudeutsch Shopping, muss ein Baumarkt in der Nähe sein!

Nachtrag

Beobachtungen aus dem Alltag.

Episoden, Erlebnisse, Begegnungen, inspirierten mich durch Richard Kirn.

Richard Kirn, mit dem Gebrauch seiner Sinne in den von ihm verfassten Tagebüchern.
Er war mehr als nur ein Journalist, (er bezeichnete sich aber als Journalist).

Neugierde und Mitteilungsdrang verhalfen ihm zu einer besonderen Poesie und zur Empfindsamkeit - Erlebnisgefühl - Einfühlungsvermögen in Natur und Mensch.

Ein Auszug aus seinem Tagebuch, Januar 1971:

Ich sah ein Mädchen mit rot gefrorenen Händen…und entsann mich gewisser Graphiken in alten Modeblättern.

Mädchen, die Hände im Muff vergraben, übers Eis laufen.

Wie ein warmes Vogelkörperchen musste einem Kavalier eine solche Hand entgegenschlüpfen.

Auch das gibt es nicht mehr.

**Peter W.J. Licht.
63584 Gründau.**

Copyright 2014/17

Dank an Horst Fink und Björn Jilg.

Illustrationen Martin Vilchez

Impressum

Herstellung und Verlag:

BoD-Books on Demand, Norderstedt

In den Tarpen42
22848 Norderstedt

ISBN9 783735791795

Bereits erschienene Bücher:

Trilogie:

So fegt der Wind der Geschichte über die Epochen.

ISBN 9 783743 151 482

Jugendbuch:

Die Schmurggelbeere.

Fantastische Abenteuergeschichte.

ISBN 9 783739 206196

Jugendbuch:

Vier gesammelte Erzählungen.

ISBN 9 783739 232065

Jugendbuch, Science Fiction:

Professor Pulin und Lorin

ISBN 9 783741 207693

Adelsroman:

Aufruhr der Herzen.

ISBN 9 783746 012421

Krimi:

Wildwasser.
Krimi ohne Mord, aber mit tragischem Geschehen.

ISBN 9 783738 604788

In Kürze der nächste Krimi.

Arbeitstitel: Mörderinnen on Tour.